300+ Ibisokoranyo - I
Devinettes en Kirundi

Lionel Kubwimana

Copyright

Sokwe ! Ni ruze !

_____

1. Urabóna ngo ibitúgu vyă sŏkuru ansīmbira urugó

_____

2. Nasêzeye kurí Ntáre n'ŭbu ntúrāshânyuka

_____

3. Narímye umurimá muníni nīmbura mu gipfŭnsi

_____

4. Narímye umurimá kĕra n'ŭbu ntúrātá ingīngo

_____

5. Agatăngāza nagásānze Imbo

_____

6. Ha n'ŭrya agusabá

_____

7. Háno dufise impĭndu twëse

_____

8. Inká yānje ní nyamukamwa igáramye

_____

9. Mvīra mw'ītōngo warí kinwa cūzá ivú

_____

10. Bané bēzá

_____

11. Batatu badatāná mū ndagano

_____

12. Zirashōtse ntuku

_____

13. Ehe uryá musózi uvá umwūna

_____

14. Ehe uryá musózi wīshíka ibikanú

_____

15. Ziratônze i Kāngoma

_____

16. Zōkománya amahĕmbe wōmenya izăkōye nyoko

_____

17. Só akūnda ikí?

_____

18. Nyoko akūnda ikí ?

_____

19. Kubita minăni ntiyōtá arasara

_____

20. Aho hēpfó rurakâmvye

_____

21. Ahó ababirigi n'ábadăgi bărwāniye tu-racâhōtōra amabano

_____

22. Bugutu búgutu cânké kugutu kúgutu

_____

23. Nashînze ibikĭngi kurí Ntáre n'ŭbu ntibirâshîngūka

_____

24. Natêye ibikĭngi kĕra n'ŭbu ntibirâsíduka

_____

25. Mpagaze ngăha mbona kwā mâbukwé bu-rakêye

_____

26. Mpagaze ngăha mpēreza Dātá impāmba i Bwămi

_____

27. Karasīmvye bunugu cânké karasīmvye mi-heneko

_____

28. Umusózi umezé amahere

_____

29. Abashîngantǎhe bā kêra bǎca imǎnza bû-namye

_____

30. Kenyera ngúfi duhāgé umurwa

_____

31. Gira só katámōbwá

_____

32. Babiri bahānganyé bátarí burwāné

_____

33. Akǎcīye aho ntíkarâgaruka

_____

34. Mvūyé i Burǔndi nza ndakóma indûrú

_____

35. Sohoka untǔre

_____

36. Bugīngo bwā nōné bwōgutana

_____

37. Urāndagirira mugóberé níyatēmbá nzōgukebera

_____

38. Aha twëse turārīriye umwé

_____

39. Kayogoma mushíki wa Ntáre

_____

40. Kirajúragira bishămbara

_____

41. Fata inkoni mfaté iyĭndi tujé kwīmba icó tutaboná

_____

42. Bĕne nyoko baragúfashe

_____

43. Ikijūmbu cānje ngogo

_____

44. Vuru vuru

_____

45. Icĕra mu cănsi

_____

46. Karadóma rudo cânké aho hīyo ngo dodo! Dodo!

_____

47. Só na nyoko băpfūye ikí ?

_____

48. Akavumú kānje mpūngurura bunyoni

_____

49. Ehe rutāmbwe!

_____

50.   Nshikuye umusurí ikibira kinyiganyiga cöse

_____

51. Kubita bidīdíri aramaze imbúto

_____

52. Mpagaze ngăha mbona kwā mâbukwé bu-rakêye

_____

53. Gēnda kwā Tûndara uti mutūze iyo mbázo

_____

54. Inka yānje ní nyamuhakira kw'ījuru

_____

55. Inká yānje ndayikama mpágaze

_____

56. Aho hĭyo rurêgamiranye

_____

57. Karacúra buyúgi cânké bugoyi

_____

58. Sogókuru sabihĭgi vyĭnshi

_____

59. Nyoko yāmbaye ibihēko vyĭnshi nkēka aróga

_____

60. Karadóma rudo

_____

61. Ndi mugúfi nkaba mu rwânjé

_____

62. Akâna kānje kōkunēsha mútānganá

_____

63. Inká yānje ní nyamugēndera kū mānga

_____

64. Abākêra bĭsīgira mw'ĭkébano ryā kínogóno

_____

65. Aha turushwa umutíma n'ŭmwe

_____

66. Ndashá! Ndashá umugôngo

_____

67. Kubita kimatúre cânké kimátuzi

_____

68. Aho hēpfó hacīye impēhe nsa

_____

69. Ndāngamiye hējuru nūmva ndanūnzwe

_____

70. Ubutígiri buhētsé ubutīndi

_____

71. Icó utăbōnye akarí i Muroré wárakabônye

_____

72. Mu mwônga ngo tabí

_____

73. Aho hēpfó ngo fyati

_____

74. Hagarara hăkurya, mpagárare hăkuno dutēráne ibidáshiká

_____

75. Impfîzi yānje yīmya izíritse

_____

76. Wōngorôra wōmvúna

_____

77. Ngo barāra ngo ba!

_____

78. Wīgira umurĕmbe wári umurĕmbe

_____

79. Waja i Bujîji wári umujîji

_____

80. Mpagaze ngăha mbona icĕra i Mbo

_____

81. Ihīiiii!

_____

82. Kararêngēra

_____

83. Inká yānje ndayikama mpfúkamye

_____

84. Umusózi wāhîye hasigaye Rushá rwā Búrŭndi

_____

85. Fata inkoni mfaté iyĭndi tujé kujabutsa bā ngīngo ngúfi

_____

86. Umunăni mubí

_____

87. Babiri bēzá

_____

88. Umutūtsi murēmure yavûye i Magămba

_____

89. Ndāra ndagēnda nkīrirwa ndagēnda

_____

90. Ndi mwīzá ntîsîga

_____

91. Kirigita kinŏntore

_____

92.　　Urāndagirira mugóberé níyatēmba nzōguha inyama

_____

93. Ca hĭrya y'ígisaká ncé hĭno twūbúre impōngo itagirá umurīzo

_____

94. Nkūrira Midágāmbo kū nâma

_____

95. Kāntêye amānga káragapfa

_____

96. Mpēkera mpêkera mugôngo mugarí

_____

97. Ehe uryá musózi utezé urugorí

_____

98.   Ehe baryá bămikazi bahāngánye bátarí burwāné

---

99. Mvūye gutá nyŏkuru agaruka arănkurikira

---

100. Mpagaze ngăha mbona kwā mâbukwé bu-rahwībiye

---

101. Gitáre n'íyăyo biragēndana

---

102. Sōkōranwa n'ŭwo murí kumwé

---

103.   Abāmbara bā Ruhīnda bāmbariye in-zogera mu cōbo

---

104. Aranyíganyiga mukâ Bakwēto

---

105. Nārwâje

---

106. Umurávyo wa Nyábitănga cânké wa Tān-ganyika wārábije ndahūnga

---

107. Karadíridīmba

_____

108. Nēze amahwá kuva ku maguru gushika ku mutwé

_____

109. Abā Nōné murêrura

_____

110. Aharí aho ní hēzá ntíwōharīra

_____

111. Bikore bikurushé

_____

112. Nōruhămba wōruhâmbūra

_____

113. Gira Só Zŭngagi

_____

114. Nkururūh!

_____

115. Mucinye múcinye niwé yĭshe nyoko

_____

116. Ncīmbigiri mukâ Binyâti

_____

117. Ziravúgiriza i Nyáruramá

_____

118. Nkirigita nkwĕnēnere

_____

119. Umwămi w'Ímbo

_____

120. Kati ico nti ico

_____

121. Dagiridagiri

_____

122. Ngo tujé kugarura Rugămba irāmbutse

_____

123. Rusēnge rusēngêshwa amabóko yömpi

_____

124. Ngīye kwā mâbukwé nsānga ntibarûgu-
rura

_____

125. Kubita Mugămba ruradágāmvye

_____

126. Mufukūre tumuryé

_____

127. Garamika nyokóbukwé tumumené indá

_____

128. Mbĕga nyogókuru kó usēyé bwĭnshi wī-gavye uja hé?

_____

129. Mbĕga mwā bĭgeme kó munyogányoga, inzogá y'úmwămi itwāra ndé?

_____

130. Nkūrira Nyamwĭnovōra mw'ītongo

_____

131. Umugozí utēkéra amâzi

_____

132. Ndabóna inyoni inyuma y'ŭwo musózi

_____

133. Aho hēpfó hacīye impēhe nsa

_____

134. Kubita Giswăswa yīnjiye mu baswâhirí

_____

135. Fata inkoni mfaté iyĭndi tujé kurōndera inyama ngo ibikenyé vyā Rugămba vyānani-ranye

_____

136. Kati dōridôri

137. Karatâmba fyōrifyôri

138. Ehe ico cīnéna

139. Umugoré n'amatúgu ntíbivāná

140. Karatanagiye butanari

141. Ugurura ikibónobóno uboné ibára

142. Ntēreye injúgūnjúgu inyuma y'ínzu ha-garuka intūngūru umunăni

143. Inkoni itagirá integé

144. Ndahamanutse síndahadûga

145. Ca bugúfí ndagutumé, i kuzimú

146. Fata rutagari twīnjíre ishāmba

147. Karîgōndereje

148. Fata agafûni mfaté akǎndi tujé gusoroma imbogá mū Nyabititima

149. Inzu yānje ntíbarâyíbamwó

150. Mbona kwā mâbukwé hêra

151. Akó natêye mu mwônga ntíkarâmera

152. Ndāré nîcaye

153. Kora inkōko nkoré iyĭndi tujé kudáha ubûki i Būnkoboko

154. Nīkwega nshiké iyo

155. Agahūmbi kānje nyawĭrwāndika

156. Aho hānzé hari umugabo atagirá ama-jānja

_____

157. Kati cari nti caki

_____

158. Karavumereza nyoko kw'ībōndo

_____

159. Urabuza nyokóbukwé ntăbe akîmpenera

_____

160. Kubita níko ndēhá

_____

161. Inzóka ndēnde itagirá umurīzo

_____

162. Umunyúrānura umunyúra gíhugu níwawumenyá ndagúhēra níwawuyobérwa ndagukubíte

_____

163. Mpegekeye ntágirá ibibabi

_____

164. Ngīye mw'īshāmba ndahatōra imbázo

_____

165. Fata inkoni mfaté iyĭndi tujé kwăha inkĕre i Makōko

---

166. Karatôndēreye savyŏya

---

167. Ingāra itūrírwa

---

168. Aho hēpfó hari agatí kărānániye kó ndakûrira

---

169. Ingoma irajo irabānze

---

170. Barēbare bā Nyarugēndo

---

171. Fata inkoni mfaté iyĭndi, tujé gusoroma icó tutaboná

---

172. Ngo dusubîre inyuma tujé kuramutsa abămikazi

---

173. Buca nêmye rikarēnga ndyâmye

---

174. Fata impângé mfaté iyĭndi tujé kuvōma icó tutaboná

175. Ca mu cānzo Imâna igutsĭndeyó

176. Dēmwadēmwa nyokóbukwé acīke umugôngo

177. Gēnda undŏnderere icó utarí burōnké

178. Izînguzîngu urimenyé nguhĕre uriy-obérwe ngukubíte

179. Karabúdāgadāga, karabúnunuka izo ngabo n'ízănde Madága

180. Nyogókuru wāwe yapfânye imvûzo mu rubaya

181. Ncakara ncé akadênde

182. Abanyêramá ntíbazitíra barîhaniza

183. Nageze mū mpĭngu ubwênge burazímira

_____

184. Umugabo w'ûrwâra aca urubănza yûbitse

_____

185. Hari icó natêye mu mwônga n'ŭbu ntikirâbora

_____

186. Mpagaze ngăha mbona Inámpurûngu i Buha

_____

187. Akadâbadāba agasūra musēzero

_____

188. Dogĭdogi i Bukamá

_____

189. Njúgūnjúgu ndēnde musūmba rutoke

_____

190. Narūngitse Umwâna kurahura n'ŭbu ntárāgaruka

_____

191. Iyó só agīye mu rutōke abānza ikí?

_____

192. Mpagaze ngăha mbona kwā mâbukwé burîje

_____

193. Fate inkoni mfaté iyĭndi tujé gusoroma inkôré i Makōko

_____

194. Narājīshe inkōko nôné síndāyirîrakó

_____

195. Harya hĭrya, umusózi waméze imví

_____

196. Ibēnge ritămbamwó ifí imwé

_____

197. Kirîyegetse hā mayega

_____

198. Umúkirigita wamúkōye ikí?

_____

199. Fata ikoni mfaté iyĭndi tujé kuramutsa bā Runyigīmba

_____

200. Ēwe wă mugabo urûbahuka

_____

201. Akâna kānje nyāngaragurwá

_____

202. Karikumagura

_____

203. Ngīye ndatá kamwê kamwé ngera iyo naja

_____

204. Ngăha dutūnzwe n'ŭmwe

_____

205. Ngēnda ngáramye ngashika iyô nja

_____

206.   Fata inkoni mfaté iyĭndi tujé kwăha inkĕre

_____

207.   Fata inkoni mfaté iyĭndi tujé kugarura Rugămba yānaniranye

_____

208. Kiratunaraye Binutí

_____

209. Ibutura ryānje ryărahîye umusipí urasí-gara

_____

210. Yabītse kure mba nkwîbiye

_____

211. Būmbāye kure mba ndákubegeye

_____

212. Māmá yasize abúgeze mba nkwîbiye

_____

213. Aha hacīye akagabo katagirá amajānja

_____

214. Inzira nzīzá imera kū mānga

_____

215. Karînūngēra kū nâma i Butwăre

_____

216. Ca bugúfi ngukorére dūndágu

_____

217. Hăkurya barahena hăkuno bagahena

_____

218. Aha hācīye abakĕcuru bamanúka n'ŭbu ntíbarâdûga

_____

219. Karaba nkunagé

_____

220. Umukēnke wa bêne Ntáre unywēshwa na bêne Ntáre

_____

221. Nyegēra nyégēra băna bānje turahónye

_____

222. Gēnda kwā Bítarihó cânké kwā Mūndaníkure uti mutīze intŭntu yībândirwe

_____

223. Nti hêhé bazŭngu

_____

224. Hagarara hăkurya, mpagárare hăkuno duhayé ibibōndo

_____

225. Hagarara hăkurya mpagárare hăkuno duhayé amabōndo

_____

226. Umwâna wānje Mugerabēnga

_____

227. Urugēndūra wárarutsîmvye

_____

228. Kenyera ngúfi tuvyíne urumatāri

_____

229. Nannda n'úwĕra

_____

230. Nyekere kamwé ntūré cúmi

_____

231. Ncīmbigiri mukâ kebanya

_____

232. Ehe abo bămikazi babānyé bátarâvúgana

_____

233. Kirabûndikīriye Nyamatāma

_____

234. Kirabádagiza kirāto

_____

235. Nagúcumise ntáfugútiye

_____

236. Narûngitse umugeni kurí Ruhīnda n'ŭbu ntárāgaruka kūndamutsa

_____

237. Narashe umwāmpi kurí Ruhīnda n'ŭbu nturâhīndukira

_____

238. Inānga yānje ntívugâ irāsīra

_____

239. Karí i Buntu kári i Bugarama kătetse intêko i Buha

———————————

240. Ikibári ikibabá níwakimenyá nguhĕre

———————————

241. Gira só Bizŭngagi

———————————

242. Măma Kiyāgo

———————————

243. Gira só Bitīndivúga

———————————

244. Karahárāmba murwā wa Nkóma

———————————

245. Aho hēpfó hari umusózi uvugá amarago

———————————

246. Kirigita kinŏntore

———————————

247. Hāsí ngo Paci

———————————

248. Bugēndana nkōmbe rwā dudu

———————————

249. Icūnamira nkōmbe

_____

250. Ja hăkurya njé hăkuno dutērâne ibidáshiká

_____

251. Kibirigiti mushíki wa Gitaka

_____

252. Akavumú kānje mpūngurura bunyoni

_____

253. Bāri bári marêmbĕra

_____

254. Kírya gisaká kirîyugaye

_____

255. Ko tumōwé twëse uwuzá gutwâra inzogá y'í Bwămi nî ndé?

_____

256. Kati do

_____

257. Karaba umwŏnke nyoko

_____

258. Kirasīmba gíheneka

_____

259. Umwâna wānje yōkunága mútānganá

_____

260. Kubita na bihīndigiti ntíyōtá arasara (arahâmba)

_____

261. Dēmadēma Rudĕnde wa Rubano

_____

262. Inká yānje ndayikūrakó uruhú ngo bucé igaturuka

_____

263. Inká yānje iteze urugorí

_____

264. Maribôri n'íyăyo biragēndana

_____

265. Inká yānje iteze ubukōndwe

_____

Aha turí ngăha wōduhárūra ukadúshob-

_____

a turí aha, turushwa ubwîzá n'ŭmwe

_____

268. Akabĭndi kānje muhāmbīra

269. Karanânagira bunanāri

270. Iwăcu tugēndq twûnamye

271. Kararāmbagira

272. Inká itezé ubunyínya

273. Ndagirira Bishīta nzōguhēra

274. Mpa utwo mbona

275. Sohoka untŭre

276. Vuguvugu nārênga

277.   Natêye ikiremo kurí Ntáre n'ŭbu ntikirâbáruruka

278. Karahīnda duri

_____

279. Karatôndēra

_____

280. Turatérekānze

_____

281. Kararāmbagira

_____

282. Garama kū nâma nguhĭndagure

_____

283. Umwâna wānje ndamutuma ndámuku-
bise

_____

284. Fata inkoni mfaté iyĭndi tujé kuvûmba
Bikanyagi

_____

285. Nyamwĭkima ku ruhīmbi mushíki wa
Ndáyīzêye

_____

286. Bururu-búrururu n'ĕpfo

_____

287. Nkubise Umwâna barira böse

_____

288. Nyamwĭkima mu ruhīmbi Umwămi wa Ryângōmbe

_____

289. Irêguye Rukómo

_____

290. Ca bugúfi nkwĭbe amano

_____

291. Tōra inkoni ntōré iyĭndi tujé kuvyína i Nyaruyoyá

_____

292. Inká yānje igēnda imānga irágatēmba

_____

293. Iravúze Murāngāra wa shāmba

_____

294. Irawúrīye ntíwurúka

_____

295. Bāri bári marêmbĕra

_____

296.   Ntēreye insĭmbi ku rutaro nti ehê bakŏbwa mpárūrira

297. Ndagufīnze Kīmpiginya cânké ndagutēye kīmpinginya

298. Gira só katámōbwá

299. Kābāye gató tuba túkarīriyemwo

300. Ncīye hăfi yâbo bāndasa böse

301. Kanyamwīca kanyamugarika inkŭmbi ikagwa

302.   Icó umutûnzi yīkûra akabîka nayó umwôro agatá

303.   Nūriranye inkoni nyĭnshi nūrurukana imwé

304. Mū nzu turi batatu, umwé asóhotse ntí-turyá

---

305. Ngīye ndatá nshika i Buha

---

306.   Nkubise inyuma y'ínzu nkubitwa n'ínkubá

---

307. Nyamúnini hāmpǐnga

---

308. Agafûni kānje rumena mushike

---

309.   Jēwé mufǔndi ncīye igití i Bujūmbura gikwīra Uburǔndi bwöse

---

310. Kirazûnga atwāye batānu

---

311. Ha ivyo bitōke vyā sógokúru birikó bira-gusaba

---

312. Kiragūngamije

---

313. Kubūra bĕne mbúga batāmbé

_____

314. Abā Ngānda baramaranye

_____

Answers - Réponses

1. Ikivûmvŭri

_____

2. Ubwŏya bw'înká

_____

3. Umushatsi

_____

4. Urufûnzo

_____

5. Umurará w'úburó

_____

6. Umwĕnge w'ínzu

_____

7. Imirīzo y'ímbeba

_____

8. Urusyo

_____

9. Urukero

_____

10. Amabêre y'înka

_____

11. Amashíga

_____

12. Amaráso ku murŭndi

_____

13. Ikime

_____

14. Abahizi

_____

15. Ivyănsi ku ruhīmbi

_____

16. Ingāra z'íminyinyá

_____

17. Icúmu | Umuheto

_____

18. Umwēko

_____

19. Urubûmbiro

_____

20. Umusâza n'ígikobá

_____

21. Amarĕnga

_____

22. Impené mu matovu

_____

23. Amahĕmbe y'înká

_____

24. Amahĕmbe y'înká

_____

25. Ubumera kū mbúga

_____

26. Umuryângo

_____

27. Impené isīmvyé umugazo

_____

28. Ibizinú

_____

29. Imigōndōro y'íbiharage

_____

30. Inkwăre ku mudûgo

_____

31. Agahănga k'îmbwá

_____

32. Inkōmbe z'ûrûzi

_____

33. Imvovo

_____

34. Akabĭndi k'úburozi

_____

35. Akabĭndi k'úburozi

_____

36. Wōcūmbira kw'īshíga rimwé ugahákura | Wōsēra mu rûzi ukānzura | Wōtâmbika uru-tamyi rumwé ku rûzi ukajabuka | Wōtêkera umusurúru mw'īsáho

_____

37. Uruvó

_____

38. Inkóno irí ku zîko

_____

39. Umutotó w'ígitōke

_____

40. Ikinyábwŏya mū ntózi

_____

41. Umuzi w'íbuye

_____

42. Ibisŏgororo

_____

43. Amahĕmbe y'íntāma

_____

44. Mukĕcuru n'íkigiga

_____

45. Amatá

_____

46. Agahené mu matavu

_____

47. Umwŭngu cânké isaká ryó mu rubíbe

_____

48. Inkóno yó ku murāngo

_____

49. Inzu

_____

50. Umwǎmi ahagúrutse

_____

51. Isékuro

_____

52. Ikinyâmbúga

_____

53. Umunwa w'înyánǎna

_____

54. Igitōke

_____

55. Igitōke

_____

56. Igishitsí n'úmukěcuru

_____

57. Agacebé k'ímpené

_____

58. Umutobótobo

_____

59. Umutobótobo

_____

60. Agafûni mu rubuye

_____

61. Igicâniro

_____

62. Urutózi | Uruyúki

_____

63. Umuriro

_____

64. Ugutwi kw'înká

_____

65. Uruyúki

_____

66. Urusēnge

_____

67. Ikirēnge c'îshâshi

_____

68. Ingabo zitagirá umutwăre

_____

69. Umuhwí

_____

70. Umuzŭngu kw'ῑpikipiki

_____

71. Nyoko akíri inkumí

_____

72. Urura rw'ínzovu

_____

73. Ikiziha c'ínzovu

_____

74. Ibipfŭnsi

_____

75. Urushîngé

_____

76. Ikijūmbu

_____

77. Akabāngāra mū ntāngo

_____

78. Impené mū ntāma

_____

79. Impené mū ntāma

_____

80. Itonórere ry'ímihivú | Ibāziro ry'íngoma"

_____

81. Igikámiwe maké | Icǐshēshekó umusurúru"

_____

82. Akâna kajá iwăbo | Akôtsi k'ábŭngere

_____

83. Umuzīnga | Urusyo

_____

84. Inzira ijá i Bwămi

_____

85. Abatwá

_____

86. Amabêre y'îmbwá

_____

87. Amabêre y'úmuvyêyi

_____

88. Ima ry'îmvúra

_____

89. Urûzi

_____

90. Inyōngōri

_____

91. Igitsíma kitagirá imbogá

_____

92. Umusega

_____

93. Irobé

_____

94. Igikôna

_____

95. Agasāzi ku ruhănga rw'úmwămi

_____

96. Uburiri

_____

97. Uruzítiro

_____

98.   Ibishímaryângo | Ibikĭngi vy'îrêmbo |
Inkōmbe z'ûrûzi"

_____

99. Umwāvu

_____

100. Imvúra ishōyé

_____

101. Isoro n'ámatá

_____

102. Izûru n'úmunwa

_____

103. Ibijūmbu

_____

104. Ikinyábwŏya

_____

105. Inzara mu bâna

_____

106. Inzara mu bâna

_____

107. Akâna kajá iwǎbo

_____

108. Inánăsi

_____

109. Isāzi ku mukēnke w'úmwămi

_____

110. Agasôngēro

_____

111. Wōbâga umuhíni ku muheto ? | Wōcūm-
bira kw'īshíga rimwé bugashá ? | Wōtêkera
umusurúru mw'īsáho ?

_____

112. Uruvuto

_____

113. Igitsēmbetsēmbe c'íntāma

_____

114. Abakwé

_____

115. Umugānda w'înkwí

_____

116. Isékuro

_____

117. Urushŭnzi mu cănsi

_____

118. Urukanó

_____

119. Igipfŭngu

_____

120. Agacá mu mateke

_____

121. Umukeré ufashé umukĕcuru

_____

122. Ikinyúgunyúgu

_____

123. Ikigôri

_____

124. Impfîzi itarágānga

_____

125. Imódokări

_____

126. Itu

_____

127. Uruboho

_____

128. Itīmbi ry'ífukú

_____

129. Ikinyábwŏya

_____

130. Igisahira

_____

131. Ifu

_____

132. Isāzi

_____

133. Inzúki zitagirá umwămi | Ubushó buta-
girá impfîzi

_____

134. Imbúgitá mu muswâgé

_____

135. Ibikenyé vy'ímbarágasa

_____

136. Akamăngu mu rutōke

_____

137. Umwĭhwa mu rutōke

_____

138. Ikanyá mu gasôngēro

_____

139. Amabêre

_____

140. Akagōmba mu migogó

_____

141. Ingero y'úmwămi

_____

142. Amatugú

_____

143. Umwăngānge

_____

144. Amâzi

_____

145. Umuŭnda

_____

146. -Imárabíti - Ishênyo

_____

147. Ikijūmbu mw'īburí

_____

148. Ibigŏnzi vy'îsáto

_____

149. Agasôngēro

_____

150. Ifu y'íbigôri

_____

151. Agashishwá k'ícēma

_____

152. Amashíga

_____

153. Ubururé bw'îmbwa

_____

154. Umusíba

_____

155. Inkóno y'úmurāngo ntîbá iy'ŭmwe

_____

156. Umwîjimá

_____

157. Agacá mu mateke

_____

158. Akabarágasa

_____

159. Icānzo

_____

160. Ifūndi

_____

161. Ibarabara

_____

162. Ibarabara

_____

163. Igiháhe

_____

164. Umunwa w'úmunûni

_____

165. Intobótobo

_____

166. Umurândarânda w'ígitōke

_____

167. Igishurúshuru

_____

168. Igishurúshuru

_____

169. Umugoré afisé inda

_____

170. Ibihonyi

_____

171. Amagānga y'ínkokó

_____

172. Abatwâkazi

_____

173. Imihôngero | Imyūgariro

_____

174. Amôsozi y'îmbwá

_____

175. Igitsŭre cā múkā só

_____

176. Ibishanyá

_____

177. Amahĕmbe y'îmbwá

_____

178. Ikóma ry'ínzu | Inzira | Urûzi

_____

179. Akanûni mu matovu

_____

180. Imizi y'íbitōke

181. Icûma ntíkibora

182. Amênyo

183. Indá mu mushatsi

184. Ingásīro

185. Urunyó

186. Akagega karí ubusá

187. Akábūndá

188. Umuhŭnda mū nzira

189. Umuhoro

190. Umwôtsi

_____

191. Uruhwá

_____

192. Igitíkatíka mū nganogano

_____

193. Ubwĭmegere

_____

194. Agasôngēro

_____

195. Ubwĭmegere

_____

196. Ururími

_____

197. Intâmbi cânké imbúgitá hā ngūmba

_____

198. Iburí ry'íkijūmbu

_____

199. Abămikazi

_____

200. Agasāzi ku ruhănga rw'úmwămi

_____

201. Urutore

_____

202. Akagoré kajá iwăbo

_____

203. Ibishishwá vy'ívyēma

_____

204. Inkóno irí ku zîko

_____

205. Ibarabara

_____

206. Inyabutōngo | Inyabukōngoro

_____

207. Imfyisí

_____

208. Igikôna kū nâma

_____

209. Inzira mu muyōnga

_____

210. Ukwêzi

_____

211. Ukwêzi

_____

212. Itīmbi ry'ífukú

_____

213. Umunâná

_____

214. Umwǐshwa

_____

215. Akôtsi k'ábǔngere

_____

216. Agakoni k'úburozi

_____

217. Abakângaji

_____

218. Umuvó

_____

219. Imbúga

_____

220. Umwōbo w'îsato

_____

221. Uburó mū ngásīro | Amâzi mu rukângagá

_____

222. Ibigŏnzi vy'îsáto

_____

223. Ifarânga

_____

224. Imitwé y'înzúzi

_____

225. Amatígiri y'înzuzi

_____

226. Mugano

_____

227. Urukero

_____

228. Agafûni mu rwĭri

_____

229. Injejé z'ámateke

_____

230. Ibiharage

_____

231. Ifūndi mu muguruka

_____

232. Ibishímaryângo

_____

233. Intāngo ku buriri

_____

234. Ifukú ku kiraro

_____

235. Ikinyamugera

_____

236. Umureré w'úruswá

_____

237. Umureré w'úruswá

_____

238. Iryŏya ry'înkôna

_____

239. Ikīnofa

_____

240. Ikirānzi mu muvūmba

_____

241. Ibinyônga vy'ínkumí

_____

242. Ijēmbe mu mushike

_____

243. Ivyînyo vy'îmbwá

_____

244. Agahere mu mwātāta

_____

245. Abakûzi b'ínănka

_____

246. Inkŏndo y'íkijūmbu

_____

247. Ima ry'îmvúra

_____

248. Irigí ry'înkânga

_____

249. Icări c'íseke

_____

250. Ibipfŭnsi

_____

251. Inága y'ígitika

_____

252. Inága y'úmutâga

_____

253. Amababá y'ínkwăre

_____

254. Imbogó mu gisaká

_____

255. Umugabo w'úbuhănza

_____

256. Agakĕnkanya mu gitōke

_____

257. Akanyoni kū nzira

_____

258. Intāma ku mugazo

_____

259. Agacăca

_____

260. Amashíga

_____

261. Igikôna mū mbíbe

_____

262. Icŏmore

_____

263. Umunyinyá

_____

264. Igisābo n'íntegérezwa

_____

265. Ugutwí kw'îmbwá

_____

266. Ubumera kū mbúga

_____

267. Igisābo

_____

268. Akabĭndi k'úburó

_____

269. Akagōmba ku mugogó

_____

270. Igitōke

271. Uruyúki

272. Umurīnzi

273. Indŭnduke

274. Utubogá ku mênyo

275. Ukuguru kw'ímbarágasa

276. Wōrênza inyūndo igisaká

277. Ibára ry'înka

278. Akariro mu rugarama

279. Urunyegeri ku gitōke

280. Utunága tw'úburozi | Utunága tw'ábayânda

_____

281. Akayúzi

_____

282. Impīnda y'ûmûnyu

_____

283. Incŏnco

_____

284. Igishitsí mu muyōnga

_____

285. Ikinyábwŏya

_____

286. Umutwé w'úrunyúzi

_____

287. Inága yó mu mapfá

_____

288. Isīmbo ry'ámavúta

_____

289. Intūnguru ku murwa

_____

290. Igisafú c'úmuryāngo | Isékuro

_____

291. Amababá y'íntămba

_____

292. Umuriro | Ingugé

_____

293. Inkôna

_____

294. Indá mu ruhănza

_____

295. Inkwăre mw'ībarabara

_____

296. Inyényěri kw'ījuru

_____

297. Imbwá ntígutwêngera iba ikúrīye

_____

298. Agahănga k'îmbwá

_____

299. Agatwé k'ínzu

_____

300. Intótwe

_____

301. Agahwá (ihwá) mu kuguru

_____

302. Igiserú

_____

303. Imisígăti

_____

304. Amashíga

_____

305. Ibikămvurwa vy'ímisigâti

_____

306. Mâbukwé ari gusa

_____

307. Ikigomogomo

_____

308. Ikizinú

_____

309. Ijāmbo ry'úmwămi

_____

310. Ikigazí

_____

311. Amababi y'íbibónobóno

_____

312. Ikibĭndi mu bagabo

_____

313. Imvúra

_____

314. Umuyaga mu bitōke

_____